Papst Franziskus
ER kommt

Papst Franziskus
ER kommt

Weihnachtliches in winterlicher Zeit

Hg. von Matthias Kopp

VERLAG NEUE STADT
MÜNCHEN · ZÜRICH · WIEN

Klimaneutral gedruckt. Weil jeder Beitrag zählt.

2021, 2. Auflage
© Für die Auswahl und Zusammenstellung:
Verlag Neue Stadt GmbH, München
Covergestaltung unter Verwendung eines Fotos
von Manuela Neukirch
Gestaltung und Satz: Neue-Stadt-Grafik
Druck: CPI – Clausen & Bosse, Leck
ISBN 978-3-7346-1206-0

www.neuestadt.com

Zur Einführung

Hundert Worte von Papst Franziskus zu Weihnachten

Papst Franziskus ist ein „Mann seines Wortes" (Wim Wenders). Diese Worte und damit seine Botschaften setzt der Papst bei jeder nur denkbaren Gelegenheit ein: auf Auslandsreisen, bei Generalaudienzen, in Predigten. Vor allem an den Hochfesten richtet sich das internationale Augenmerk auf das, was Papst Franziskus predigt. Weihnachten kommt da eine besondere Rolle zu, weil die säkulare Gesellschaft verstanden hat, dass es auch eines geistlichen Impulses zur Weihnacht bedarf. In solchen Momenten schaut man gerne nach Rom.

Viele Bücher gibt es über Weihnachten, Meditationen und theologische Überlegungen,

Anleitungen zum Krippenbau und die besten Tipps rund um das große Fest. Papst Franziskus fragt tiefer. Er schaut – wie so oft in seinem Pontifikat – unter die Oberfläche und richtet den Blick auch an Weihnachten auf den Rand der Kirche, auf den Rand der Gesellschaft, auf den Rand der Erde: Er lädt ein, auf das Kind zu schauen, das schutz- und wehrlos in der hölzernen Krippe von Betlehem liegt. Wer sich den Texten von Papst Franziskus rund um das Weihnachtsfest aussetzt, wird neben der Friedensbotschaft von Weihnachten und dem Geheimnis der Menschwerdung Gottes vor allem einen Begriff finden: Zärtlichkeit!

Franziskus spricht selbst von einer „Revolution der Zärtlichkeit". Bereits 2017 hatte er dieses Wort geprägt, als er in einer Videobotschaft für eine internationale Konferenz sagte: „Es reicht ein einzelnes Individuum, damit es Hoffnung gibt, und dieses Individuum kannst DU sein. Dann gibt es ein weiteres DU und ein weiteres DU, und es wird zu einem WIR. Hoffnung beginnt mit einem DU. Und wenn es zu einem WIR wird, beginnt eine Revolution ..., die Revolution der Zärtlichkeit. Was ist Zärtlichkeit? Zärtlichkeit ist greifbare und konkrete Liebe. Es ist eine Bewegung, die in den Herzen beginnt und die Augen, die Ohren und die Hände erreicht. Zärtlichkeit meint, die Augen zu nutzen, um den anderen zu sehen, unsere Ohren, um den anderen zu hören, den Kindern, den Armen zuzuhören, jenen, die Angst vor der Zukunft haben – und die stummen Schreie unseres gemeinsamen Zuhauses zu hören, unserer kranken und verschmutzten Erde. ... Zärtlichkeit ist der Pfad, den die mächtigsten, mutigsten Männer und Frauen gewählt haben. Es ist der Pfad der Solidarität, der Pfad der Demut" (*Videobotschaft vom 26. April 2017 an die internationale Konferenz TED in Vancouver*).

Zärtlichkeit ist für den Papst vor allem der Weg, den Gott selbst gewählt hat. Franziskus fordert auf, das Kind in der Krippe genau zu betrachten, das zärtliche, ja zerbrechliche Kind, das mit seiner Einfachheit, seiner Ausstrahlungskraft, seiner Liebe den Menschen berührt, zärtlich umfängt. So robust Papst Franziskus auffordert, an die Ränder der Gesellschaft zu gehen, wo es meistens wenig zärtlich und liebevoll zugeht, so sehr lädt er ein, die Zärtlichkeit Gottes im Kind von Betlehem zu entdecken: „In Jesus ist die Gnade, die Barmherzigkeit, die Zärtlichkeit des Vaters erschienen: Jesus ist die Mensch gewordene Liebe" (*Predigt in der Christmette am 24. Dezember 2013*).

Papst Franziskus ist in dem, was er über Weihnachten sagt, vor allem Seelsorger und Bischof, aber auch politisch engagiert, etwa in den Ansprachen zum Weihnachtssegen „Urbi et orbi", und genauso analytisch, wenn er in Reden vor der Römischen Kurie erläutert, woran die Kirche krankt. Bei all dem will der Papst Hoffnung vermitteln. Denn beim

Blick auf den Zustand von Welt und Kirche gewinnt man allzu häufig einen kühlen und bisweilen kalten Eindruck. Im Empfinden vieler leben wir in winterlichen Zeiten. Harte Fakten sprechen dieselbe Sprache. Da hilft kein Schönreden, keine Flucht vor der Realität. Auch nicht zu Weihnachten. Papst Franziskus ist sich dessen bewusst. Er steht prominent in der Reihe derer, die mutig und ungeschminkt die bedrängenden und bedrückenden Situationen und Entwicklungen sehen und unbequeme Wahrheiten aussprechen. „Unsere heutige Welt ist von großer Sorge und Unruhe gekennzeichnet. Die Ungleichheit zwischen den Völkern wächst weiter, und viele Gemeinschaften sind direkt betroffen von Krieg und Armut oder dem erzwungenen Weggang von Migranten und Flüchtlingen. Die Menschen möchten ihre eigene Stimme zu Gehör bringen und ihren Sorgen und Ängsten Ausdruck verleihen", sagte Papst Franziskus am 3. Dezember 2016 und betonte die unbedingte Notwendigkeit

„entschiedenen Handelns", einer „institutionellen und persönlichen Umkehr sowie einer Wandlung des Herzens", die der Menschlichkeit „Priorität einräumt".

„Winterliche Zeiten" erlebt auch die Kirche. Missbrauchsskandale und anderes haben viele aufgeschreckt, ja abgeschreckt. Papst Franziskus sprach beim Weihnachtsempfang für die Römische Kurie am 21. Dezember 2018 von „schwierigen Zeiten", von Stürmen, ja Orkanen, die „das Boot der Kirche" erfasst haben. Wie wohl kaum ein anderer weiß er um die „äußeren wie inneren Schwierigkeiten" der Kirche, und er konstatiert: „Gewiss bleiben die inneren Schwierigkeiten immer die schmerzhaftesten und destruktivsten." Deshalb hat er – auch gegen Widerstände – manches angestoßen und auf den Weg bringen können.

Keine Frage: Es gibt viel zu tun, sehr viel. Vor allem braucht es den Glauben, dass es trotz allem Sinn macht, sich zu engagieren. Es

braucht eine Hoffnung, die nicht kapituliert, wenn Hoffnungen sich nicht oder nicht gleich erfüllen. Es braucht Licht, wenn wir nicht sehen, wie es weitergeht. Es braucht eine wärmende Kraft, die der Kälte widersteht.
Kurz gesagt: Es braucht Weihnachtliches! Weihnachtliches, das mehr ist als der Glanz und die wohlige Wärme eines traditionellen Festes, mehr als eine beschauliche Atmosphäre und anderes als „das beste Geschäft des Jahres". Sondern Weihnachtliches im eigentlichen Sinne: das Kommen Gottes in diese Welt, wie sie ist. Als Licht für unser Suchen, als Hoffnung in unserem Tun, als Kraft für den Weg heraus aus deprimierender Desillusionierung und Perspektivlosigkeit hinein in eine Welt, die mehr dem entspricht, wie Gott sie will.

Weihnachtliches in winterlicher Zeit – die Reihenfolge im Untertitel dieser Sammlung ist bewusst gewählt. Denn das Erste ist nicht der Winter, ist nicht das Negative. Sondern das, was Gott, dem an seiner Welt und seinen Menschen liegt, für diese getan hat und tut. Und das ist die Quelle der Kraft, die der Resignation widersteht. Eine Kraft, die dazu befähigt, „zu sehen und aufzubrechen", um es mit einer Formulierung des Papstes zu sagen. Ein Potenzial, das wir noch längst nicht gehoben haben, weil es unerschöpflich ist. Auch hier und heute, genau da, wo wir stehen. Mit dem Kommen Gottes in diese Welt ist etwas Neues in sie hineingekommen: „Das Licht von Weihnachten, das von der Krippe in Betlehem kommt", ist ein Licht, das „die Geschichte durchläuft" (*Weihnachtsempfang für die Römische Kurie, 21. Dezember 2018*).

ER kommt. ER kommt uns entgegen. ER geht mit. ER leidet mit und ist da in unserem Mitgehen und Mitleiden mit den Leidenden. Es geht, so der Papst, darum, dass wir unser Herz diesem Licht öffnen, jenem Licht, das einen Namen hat: „Jesus Christus. Er ist das Licht, das unser Leben hell machen und unsere Finsternis in Licht verwandeln kann; das Licht des Guten, das das Böse besiegt; das Licht der Liebe, das den Hass überwindet; das Licht des Lebens, das den Tod bezwingt; das göttliche Licht, das alles und alle in Licht verwandelt; das Licht unseres Gottes: arm und reich, barmherzig und gerecht, anwesend und verborgen, klein und groß" (*ebd.*).

Wenn Papst Franziskus auf Weihnachten zu sprechen kommt, hat man unwillkürlich den Eindruck, dass hier ein innerlich Ergriffener spricht: ergriffen von einem Geheimnis, das mitten ins Herz trifft. Von einem Geschehen, das keine Ruhe lässt, das aufrüttelt, das etwas in Gang bringt, das unsere gewohnte Logik, unser gewohntes und gewöhnliches Denken und Glauben und Tun radikal infrage stellt. Und das so, gerade und nur so, Hoffnung gibt: Hoffnung, die trägt.

Das vorliegende Buch lädt ein, sich auf das Kommen des Kindes in der Krippe, auf die

Gegenwart der Zärtlichkeit Gottes vorzubereiten und diesen Weg mitzugehen – vom Advent bis Epiphanie („Erscheinung des Herrn"), dem Fest der „Heiligen Drei Könige". Die Texte von Papst Franziskus umfassen bewusst diesen Zeitraum: ER kommt. Im Advent als Zeit der hoffnungsfrohen Erwartung und Vorbereitung, am Fest selbst und auch in den Tagen danach, dem Fest der Heiligen Familie und der Erscheinung des Herrn.

In den zentralen Gedanken dieses Pontifikats findet sich wieder, was in der Weihnachtsbotschaft kraftvoll zu hören ist: Gottes Vorliebe für die am Rand, Gottes Entscheidung, selbst den Weg der Armut zu gehen, den Weg nach unten, Gottes grenzenlose Barmherzigkeit, die sich spiegeln will in unserem Denken und Tun, Gottes Sehnsucht nach uns Menschen, nach jedem Menschen, wer immer es ist, wo immer er steht. So möchten die hier ausgewählten hundert Worte zur Begegnung führen: zur Begegnung mit dem, der als wärmendes Licht, als unscheinbare, aber alles verwandelnde Kraft in unsere Welt gekommen ist. In allen Tagen des Advents und der Weihnachtszeit wird spürbar, was Franziskus den Menschen mit auf den Weg gibt: ER kommt. Wir müssen ihm nur unser Herz öffnen.

Köln, im August 2019
Matthias Kopp

[EINE WÄRMENDE KRAFT IN UNSERER WELT]

Die Gegenwart Gottes inmitten der Menschheit wurde nicht in einer idealen, idyllischen Welt verwirklicht, sondern in dieser realen Welt, die von vielen guten und schlechten Dingen geprägt ist, die geprägt ist von Spaltungen, Bosheit, Armut, Unterdrückung und Krieg. Er hat beschlossen, in unserer Geschichte zu wohnen, so wie sie ist, mit der ganzen Last ihrer Grenzen und ihrer Dramen. Dadurch hat er auf unübertreffliche Weise seine barmherzige und liebevolle Zuneigung zu den menschlichen Geschöpfen gezeigt.

> Er ist der Gott mit uns;
> Jesus ist Gott mit uns.

Die Geburt Jesu ist die Offenbarung, dass Gott sich ein für alle Mal „auf die Seite des Menschen gestellt" hat, um uns zu retten, um uns aus dem Staub unseres Elends, unserer Schwierigkeiten, unserer Sünden zu erheben. Von hier kommt das große „Geschenk" des Kindes von Betlehem: Es bringt uns eine geistliche Kraft, eine Kraft, die uns hilft, nicht in unseren Mühen, in unserer Verzweiflung, in unserer Traurigkeit zu versinken, weil es eine Kraft ist, die das Herz erwärmt und verwandelt.

[ERWARTUNG]

Der Herr hat uns gemahnt und gebeten, unser Herz nicht zu beschweren im „Rausch" und in den „Sorgen des Alltags" (Lk 21,34).

In diesen Tagen hat man es eilig, vielleicht so eilig wie nie im Laufe des Jahres. Aber so tut man das Gegenteil von dem, was Jesus will. Wir geben die Schuld den vielen Dingen, die die Tage erfüllen, der schnelllebigen Welt. Aber Jesus hat nicht die Welt beschuldigt, vielmehr hat er uns gebeten, uns nicht mitreißen zu lassen, sondern allezeit zu wachen und zu beten (vgl. Lk 21,36).

Wir gehen auf Weihnachten zu.
Gott wurde Mensch.
In Jesus ist er in die Welt gekommen,
um unser Leben zu teilen.
Durch das Gebet
wollen wir diese Beziehung
lebendig erhalten.

Unser erstes Gebet war in gewissem Sinne das Weinen, das den ersten Atemzug begleitet hat. In jenem Weinen des Neugeborenen kündigte sich das Schicksal unseres Lebens an: unser ständiger Hunger, unser ständiger Durst, unsere Suche nach Glück.

Jesus will in seinem Gebet das Menschliche nicht auslöschen, er will es nicht narkotisieren. Er will nicht, dass wir die Fragen und Bitten zurücknehmen und lernen, alles zu ertragen. Vielmehr will er, dass alles Leiden, alle Unruhe zum Himmel aufsteigt und zum Dialog wird. Glauben zu haben, hat jemand gesagt, ist die Gewohnheit zu schreien.

[EIN ANDERES FEST?]

In unserer Zeit erleben wir, besonders in Europa, eine Art „Entstellung" des Weihnachtsfestes: Im Namen eines falschen Respekts, der nicht christlich ist und der oft die Absicht verschleiert, den Glauben auszugrenzen, wird jeder Bezug zur Geburt Jesu aus dem Fest entfernt. In Wirklichkeit ist dieses Ereignis jedoch das einzige wahre Weihnachten!

Ohne Jesus gibt es kein Weihnachten;
es gibt ein anderes Fest,
aber kein Weihnachten.

Leider kann man
das falsche Fest feiern
und der Neuheit des Himmels
die gewöhnlichen Dinge der Erde
vorziehen.
Wenn Weihnachten nur
ein schönes traditionelles Fest bleibt,
wo wir selbst
und nicht er im Mittelpunkt stehen,
dann wird es
eine verpasste Gelegenheit sein.
Bitte, verweltlichen wir
das Weihnachtsfest nicht!
Stellen wir den Gefeierten
nicht beiseite wie damals,
als er „in sein Eigentum kam,
aber die Seinen ihn nicht aufnahmen"
(vgl. Joh 1,11).

Wenn Jesus im Mittelpunkt steht, dann trägt auch das ganze Drumherum – also die Lichter, die Klänge, die verschiedenen lokalen Bräuche, einschließlich der charakteristischen Speisen –, dann trägt alles dazu bei, die festliche Atmosphäre zu schaffen, aber mit Jesus im Mittelpunkt.

Wenn wir ihn wegnehmen,
dann verlöscht das Licht
und alles wird falsch,
bloßer Schein.

[BAUM UND KRIPPE ALS ZEICHEN]

Jahr für Jahr sprechen die Krippe und der Weihnachtsbaum als Symbol zu uns. Sie machen etwas sichtbar von dem, was wir in der Geburt des Gottessohnes erfahren können. Sie sind Zeichen des Erbarmens unseres Vaters im Himmel, seines Mitlebens, seiner Nähe zur Menschheit: Wir spüren, dass wir nicht alleingelassen sind in der Nacht der Zeiten; jemand hat uns „besucht" und begleitet uns in unseren Schwierigkeiten.

Der Weihnachtsbaum, der sich in die Höhe streckt, kann uns anspornen, nach den „höheren Gnadengaben" zu streben (vgl. 1 Kor 12,31), uns über die Nebel zu erheben, die alles trüb erscheinen lassen, und so zu erfahren, wie schön es ist und wie froh es macht, in das Licht Christi getaucht zu sein. In der Schlichtheit der Krippe finden und betrachten wir die Zärtlichkeit Gottes, wie sie sich im Jesuskind gezeigt hat.

Die Bäume, der Schmuck und die Lichter überall erinnern daran, dass es auch in diesem Jahr ein Fest geben wird. Die Werbemaschinerie lädt dazu ein, sich immer neue Geschenke auszutauschen, um einander Überraschungen zu bereiten. Ich frage mich jedoch: Ist das das Fest, das Gott gefällt? Welches Weihnachtsfest hätte er gerne, welche Geschenke, welche Überraschungen?

Blicken wir auf die erste Weihnacht der Geschichte, um den Geschmack Gottes zu entdecken.

[SICH AUFRÜTTELN LASSEN]

Jesus wird von einem armen,
unbekannten Mädchen geboren,
das ihn in einem Stall zur Welt bringt,
nur mit Hilfe ihres Ehemannes ...
Die Welt bemerkt nichts,
aber die Engel im Himmel,
die davon wissen, jubeln!
Und so zeigt sich der Sohn Gottes
auch uns heute:
als Geschenk Gottes
für die Menschheit,
die in Finsternis
und trägen Schlaf gehüllt ist
(vgl. Jes 9,1).

Noch heute erleben wir die Tatsache,
dass die Menschheit
oft die Finsternis vorzieht,
weil sie weiß,
dass das Licht all jenes Handeln
und jene Gedanken enthüllen würde,
die uns erröten lassen
oder Gewissensbisse hervorrufen.
So bleibt man lieber in der Finsternis
und erschüttert nicht
die eigenen falschen Gewohnheiten.

Wir dürfen nicht
in Trägheit verharren.
Es ist uns nicht gestattet,
unbeweglich zu bleiben.
Wir müssen aufbrechen,
um unseren Retter zu sehen,
der in eine Krippe gelegt ist.
Und dies ist der Grund
für den Jubel und die Freude:
Dieses Kind ist für uns geboren,
„ist uns geschenkt".

Weihnachten zu leben bedeutet,
sich von seiner
überraschenden Neuheit
aufrütteln zu lassen.
Die Weihnacht Jesu bietet
keine beruhigende Kaminwärme,
sondern das göttliche Erschaudern,
das die Geschichte
aufrüttelt.

Der Herr liebt es, erwartet zu werden, aber das geht eben nicht auf der Couch, während man schläft. Tatsächlich bewegen sich die Hirten: „So eilten sie hin", heißt es. Sie stehen nicht still wie diejenigen, die meinen, sie seien bereits angekommen, und die nichts brauchen, sondern sie gehen, lassen die Herde unbeaufsichtigt, sie gehen für Gott ein Risiko ein. Und nachdem sie Jesus gesehen hatten, zogen sie los, um ihn, obwohl sie nicht sehr redegewandt waren, zu verkünden, sodass „alle, die es hörten, staunten über das, was ihnen von den Hirten erzählt wurde" (Lk 2,16.18).

Wachsam warten,
losgehen,
Risiken eingehen,
das Schöne weitererzählen:
Das sind Gesten der Liebe.
Der gute Hirte,
der an Weihnachten kommt,
um den Schafen das Leben zu schenken,
wird an Ostern dem Petrus
und durch ihn auch uns allen
die entscheidende Frage stellen:
„Liebst du mich?" (Joh 21,15).
Die Zukunft der Herde
wird von der Antwort abhängen.
Heute Nacht sind wir aufgerufen ...,
ihm auch selbst zu sagen:
„Ich liebe dich."

Das Licht Gottes kommt nicht zu dem, der durch eigenes Licht glänzt. Gott bietet sich an, er drängt sich nicht auf; er leuchtet, aber er blendet nicht. Stets ist die Versuchung groß, das Licht Gottes mit den Lichtern der Welt zu verwechseln. Wie oft sind wir dem verlockenden Leuchten der Macht und des Rampenlichtes gefolgt in der Überzeugung, dem Evangelium einen guten Dienst zu tun! Aber so haben wir die Scheinwerfer auf die falsche Seite gerichtet, denn Gott war nicht dort. Sein mildes Licht strahlt in der demütigen Liebe. Wie viele Male schließlich haben wir als Kirche versucht, mit dem eigenen Licht zu scheinen!

Durch die Verkündigung der Kirche
werden wir wie die Hirten (vgl. Lk 2,9)
dahin geführt,
das wahre Licht zu suchen
und zu finden:
das Licht Jesu,
der ein Mensch geworden ist wie wir
und der auf überraschende Weise
erscheint.

Die Hirten gehörten
zu den Ausgegrenzten von damals.
Aber in den Augen Gottes
ist niemand ausgegrenzt,
und gerade sie
waren die Eingeladenen zur Weihnacht.
Die Selbstsicheren,
Selbstzufriedenen
waren zu Hause
bei ihren Angelegenheiten;
die Hirten hingegen
„eilten hin" (vgl. Lk 2,16).

Lassen auch wir uns in dieser Nacht
von Jesus anfragen
und zusammenrufen;
gehen wir vertrauensvoll zu ihm,
von dem Punkt aus,
in dem wir uns ausgegrenzt fühlen,
von unseren eigenen Grenzen aus,
von unseren Sünden aus.
Lassen wir uns
von der Zärtlichkeit berühren,
die rettet.

Herr, wir wollen
nach Betlehem kommen.
Der Weg führt auch heute noch bergauf:
Da muss der Gipfel des Egoismus
überwunden werden,
man darf dabei nicht
in die Schluchten der Weltlichkeit
und des Konsumismus abgleiten.
Ich will nach Betlehem, Herr,
denn dort wartest du auf mich.

Nähern wir uns Gott,
der uns nahe kommt,
halten wir inne,
um die Krippe anzuschauen,
stellen wir uns die Geburt Jesu vor:
das Licht und den Frieden,
die extreme Armut und die Ablehnung.
Treten wir mit den Hirten
in die wahre Weihnacht ein,
bringen wir das zu Jesus, was wir sind,
unsere Ausgrenzungen,
unsere nicht ausgeheilten Wunden,
unsere Sünden.
So werden wir in Jesus
den wahren Geist von Weihnachten
kosten: die Schönheit,
von Gott geliebt zu werden.

Dann wird Weihnachten sein,
wenn ich zu dir sagen kann:

„Herr, du weißt alles;
du weißt,
dass ich dich liebe"
(vgl. Joh 21,17).

[GESCHENK]

Gott verlangt nichts,
bevor er nicht selbst
viel mehr
gegeben hat.

In Jesus ist die Gnade,
die Barmherzigkeit,
die Zärtlichkeit
des Vaters
erschienen:
Jesus ist
die Mensch gewordene Liebe.

Jesus ist nicht einfach auf der Erde erschienen, er hat uns nicht ein bisschen von seiner Zeit gewidmet, sondern er ist gekommen, um unser Leben mit uns zu teilen und auf unsere Wünsche einzugehen. Denn er wollte und will immer noch hier leben, mit uns und für uns. Unsere Welt liegt ihm am Herzen, und zu Weihnachten ist sie seine Welt geworden. Die Krippe erinnert uns daran: Wegen seiner großen Barmherzigkeit ist Gott zu uns herabgestiegen, um beständig bei uns zu bleiben.

Der Apostel Paulus schreibt:
„Die Gnade Gottes ist erschienen,
um alle Menschen zu retten.
Sie erzieht uns dazu, [...]
besonnen, gerecht und fromm
in dieser Welt zu leben" (Tit 2,11f).
Die Gnade Gottes „ist erschienen"
in Jesus, dem Antlitz Gottes,
den die Jungfrau Maria
zur Welt gebracht hat
wie jedes Kind dieser Welt,
der jedoch nicht „von der Erde",
sondern „vom Himmel", von Gott,
gekommen ist.
Auf diese Weise hat Gott uns
den Weg des neuen Lebens geöffnet,
das nicht auf Egoismus,
sondern auf Liebe gründet.

Wir können uns fragen, was es bedeutet, das Geschenk Gottes anzunehmen, das Jesus ist.
Wie er selbst uns mit seinem Leben gelehrt hat, bedeutet es, täglich zu einem unentgeltlichen Geschenk für jene zu werden, denen wir auf unserem Weg begegnen. Darum tauscht man am Weihnachtsfest Geschenke aus.

Das wahre Geschenk für uns
ist Jesus,
und wie er wollen wir
ein Geschenk für die anderen
sein.

Das weihnachtliche Geheimnis muss auch in jedem von uns stattfinden, wie es im *Cherubinischen Wandersmann* heißt:

> „Ach könnte nur dein Herz
> zu einer Krippe werden /
> Gott würde noch einmal
> ein Kind auf dieser Erden."

Der Herr möge uns begleiten, seinen Frieden und seine Liebe zu den Männern und Frauen unserer Zeit zu bringen.

Wie viele Menschen
haben in ihrem Leben nie
eine Liebkosung,
liebevolle Aufmerksamkeit,
eine zärtliche Geste erfahren …
Das Weihnachtsfest drängt uns,
dies zu tun.
So wird Jesus noch einmal
im Leben eines jeden von uns
geboren
und ist durch uns auch weiterhin
Geschenk des Heils
für die Kleinen
und die Ausgegrenzten.

[GOTT AM RAND]

Gott wollte
in einer menschlichen Familie
geboren werden,
die er selbst gebildet hat.
Er hat sie in einem entlegenen Dorf
am Rande des Römischen Reiches
gebildet ...
Gerade dort,
am Rande des großen Reiches,
hat die heiligste und beste Geschichte
begonnen,
die Geschichte Jesu
unter den Menschen!
Und dort befand sich diese Familie.

Im Weihnachtsfest können wir sehen,
dass die menschliche Geschichte,
die von den Mächtigen dieser Welt
bewegt wird,
von der Geschichte Gottes
besucht wird.

Und Gott bindet jene darin ein,
die an den Rand der Gesellschaft
gedrängt
und die ersten Empfänger
seines Geschenks sind,
also des von Jesus gebrachten Heils.

Mit den Kleinen und Verachteten
schließt Jesus eine Freundschaft,
die in der Zeit fortgesetzt wird
und die Hoffnung
auf eine bessere Zukunft nährt .

Diese Menschen, für die
die Hirten von Betlehem stehen,
„umstrahlte" ein großes Licht
(vgl. Lk 2,9–12).
Sie waren ausgegrenzt,
sie hatten kein hohes Ansehen,
waren verachtet,
und ihnen erschien
die große Nachricht
zuerst.

Diese Menschen,
für die die Hirten von Betlehem stehen,
umstrahlte ein großes Licht,
das sie direkt zu Jesus führte.
Mit ihnen will Gott zu jeder Zeit
eine neue Welt errichten,
eine Welt,
in der es keine abgelehnten,
misshandelten und
notleidenden Menschen mehr gibt.

Ohne die Geschwisterlichkeit, die Jesus uns geschenkt hat, behalten all unsere Bemühungen um eine gerechtere Welt einen kurzen Atem, und selbst die besten Vorhaben drohen seelenlose Strukturen zu werden. Daher ist mein Glückwunsch zu Weihnachten *ein Wunsch nach Geschwisterlichkeit*: Geschwisterlichkeit zwischen Menschen jeder Nation und Kultur. Geschwisterlichkeit zwischen Menschen mit verschiedenen Ideen, die aber fähig sind, einander zu achten und zuzuhören. Geschwisterlichkeit zwischen Menschen verschiedener Religionen. Jesus ist gekommen, um das Angesicht Gottes allen zu offenbaren, die ihn suchen.

In einem neugeborenen Kind, das bedürftig ist an allem, in Windeln gewickelt und in eine Krippe gelegt, ist die ganze Macht Gottes, des Retters, gegenwärtig.

Weihnachten ist ein Tag, um das Herz zu öffnen: Wir müssen das Herz öffnen für so viel Kleinheit, die dort in jenem Kind ist, und für ein solches Wunder ... Es ist die Überraschung eines Gottes, der Kind geworden ist, eines armen Gottes, eines schwachen Gottes, eines Gottes, der seine Größe aufgibt, um einem jeden von uns nahe zu sein.

[ZU BETLEHEM GEBOREN]

Betlehem: Der Name bedeutet „Haus des Brotes". In diesem „Haus" möchte der Herr heute der Menschheit begegnen. Er weiß, dass wir Nahrung zum Leben brauchen. Aber er weiß auch, dass die Nahrungsmittel der Welt das Herz nicht sättigen ... Der Mensch ist gierig und unersättlich geworden. Das Haben, das Anhäufen von Dingen scheint für viele der Sinn des Lebens zu sein. Eine unersättliche Gier durchzieht die Menschheitsgeschichte, bis hin zu den Paradoxien von heute, dass einige wenige üppig schlemmen und so viele kein Brot zum Leben haben.

Betlehem bezeichnet den Wendepunkt im Lauf der Geschichte. Dort wird Gott im „Haus des Brotes" in einer Futterkrippe geboren. So, als sagte er: Hier bin ich, als eure Nahrung … In Betlehem entdecken wir, dass Gott nicht jemand ist, der das Leben nimmt, sondern derjenige, der das Leben gibt … Der kleine Leib des Kindes von Betlehem eröffnet ein neues Lebensmodell: nicht verschlingen und hamstern, sondern teilen und geben. Gott macht sich klein, um uns Nahrung zu sein. Indem wir uns von ihm, dem Brot des Lebens, nähren, können wir in der Liebe wiedergeboren werden und die Spirale von Gier und Maßlosigkeit durchbrechen.

[ÜBERRASCHUNG]

Wenn wir Weihnachten
leben wollen,
müssen wir das Herz öffnen
und bereit sein
für Überraschungen,
also für eine unerwartete
Veränderung des Lebens.

Jene erste Weihnacht der Geschichte war voller Überraschungen.

Es beginnt mit *Maria*, die mit Josef verlobt war: Da kommt der Engel und verändert ihr Leben. Als Jungfrau wird sie Mutter sein. Weiter geht es mit *Josef*, der berufen wird, Vater eines Kindes zu sein, ohne es zu zeugen. Eines Kindes, das – Überraschung! – im ungünstigsten Augenblick ankommt: als Maria und Josef verlobt waren und nach dem Gesetz nicht zusammen wohnen durften.

Angesichts des Skandals forderte der Anstand von *Josef*, Maria zu verstoßen und seinen guten Ruf zu retten, aber er, obgleich er das Recht dazu besaß, überrascht: Um Maria nicht zu schaden, denkt er daran, sie insgeheim wegzuschicken, auch wenn ihn das seinen eigenen guten Ruf kostet. Dann eine weitere Überraschung: Gott ändert ihm im Traum seine Pläne und bittet ihn, Maria zu sich zu nehmen.

Als Jesus geboren ist, als er seine Pläne für die Familie hatte, wird ihm erneut im Traum gesagt, er solle sich erheben und nach Ägypten gehen. Weihnachten bringt also unerwartete Wendungen im Leben mit sich.

In der Weihnachtsnacht kommt die größte Überraschung: Der Allerhöchste ist *ein kleines Kind*. Das göttliche Wort ist ein „infans", was wörtlich bedeutet: „unfähig zu sprechen". Und das göttliche Wort wurde „unfähig zu sprechen ".

Der Retter wird nicht von den Autoritäten der Zeit oder des Ortes oder von den Botschaftern empfangen: nein. Es sind einfache Hirten, die herbeieilen, bei ihrer nächtlichen Arbeit von den Engeln überrascht. Wer hätte das erwartet?

[WEIHNACHTEN BEDEUTET ...]

Weihnachten bedeutet,
das Neuartige Gottes zu feiern.
Es bedeutet,
einen neuartigen Gott zu feiern,
der unsere Logiken
und unsere Erwartungen
auf den Kopf stellt ...

Man kann nicht
im Irdischen verhaftet leben,
wenn der Himmel
seine Neuheiten
in die Welt gebracht hat.

Weihnachten
läutet eine neue Zeit ein,
wo man das Leben nicht plant,
sondern hinschenkt;
wo man nicht mehr für sich selbst lebt,
auf der Grundlage
der eigenen Vorlieben,
sondern für Gott;
und mit Gott,
denn seit der Weihnacht ist Gott
der Gott-mit-uns,
der mit uns lebt,
der mit uns unterwegs ist.

Weihnachten feiern bedeutet,
wie Jesus zu handeln,
der für uns notleidende Menschen
gekommen ist,
und hinabzusteigen
zu jenen, die uns brauchen.

Weihnachten
ist der Sieg der Demut
über die Anmaßung,
der Einfachheit
über die Fülle,
der Stille
über den Lärm,
des Gebets
über „meine Zeit",
Gottes
über mein Ich.

Wenn wir es verstehen,
still vor der Krippe zu stehen,
dann wird Weihnachten
auch für uns
eine Überraschung sein, nicht etwas
bereits Dagewesenes.
In der Stille
vor der Krippe stehen:
Das ist die Einladung,
für Weihnachten.
Nimm dir etwas Zeit,
geh vor die Krippe
und verharre in Stille.
Und du wirst
die Überraschung spüren,
sie sehen.

Es wird Weihnachten sein,
wenn wir wie Josef
der Stille Raum geben;
wenn wir wie Maria zu Gott sagen:
„Siehe, hier bin ich";
wenn wir wie Jesus denen nahe sind,
die allein sind;
wenn wir wie die Hirten
aus unseren Umzäunungen kommen,
um bei Jesus zu sein.

Es wird Weihnachten sein,
wenn wir in der armseligen Grotte
von Betlehem
das Licht finden.

Es wird nicht Weihnachten sein,
wenn wir den Glitzerschein
der Welt suchen,
wenn wir uns mit Geschenken
und Festmählern füllen,
aber nicht wenigstens einem Armen
helfen, der Gott ähnlich ist,
weil Gott zu Weihnachten
arm
zu uns gekommen ist.

[LICHT IN DER NACHT]

Die Gnade Gottes ist erschienen,
um alle Menschen zu retten" (Tit 2,11).
Die Worte des Apostels Paulus
offenbaren das Geheimnis
dieser heiligen Nacht:
Die Gnade Gottes,
seine unentgeltliche Gabe
ist erschienen;
in dem Kind, das uns geschenkt ist,
wird die Liebe Gottes zu uns konkret.

In dieser Nacht,
während der Geist der Finsternis
die Welt einhüllt,
erneuert sich das Ereignis,
das uns immer in Erstaunen versetzt
und uns überrascht:
Das Volk, *das unterwegs ist*,
sieht ein helles Licht.
Ein Licht,
das uns zum Nachdenken bringt
über dieses Geheimnis –
über das Geheimnis
des *Gehens* und des *Sehens*.

Es ist eine *Nacht der Herrlichkeit* – jener Herrlichkeit, die von den Engeln in Betlehem und auch von uns in aller Welt verkündet wird. Es ist eine *Nacht der Freude*, denn von heute an und für immer ist Gott – der Ewige, der Unendliche – der Gott mit uns: Er ist nicht fern, wir müssen ihn nicht in den Himmelsbahnen suchen oder in irgendwelchen mystischen Vorstellungen. Er ist nahe, ist Mensch geworden und wird sich nie von unserem Menschsein lösen, das er sich zu eigen gemacht hat. Es ist eine *Nacht des Lichtes*: Jenes von Jesaja geweissagte Licht (vgl. 9,1), das die erleuchten sollte, die im Dunkeln lebten, ist erschienen und hat die Hirten von Betlehem umstrahlt (vgl. Lk 2,9).

[AUF EWIG EIN ZEICHEN]

Die Hirten entdecken einfach:
„Uns ist ein Kind geboren" (Jes 9,5),
und sie verstehen,
dass all diese Herrlichkeit,
all diese Freude
und all dieses Licht
sich auf einen einzigen Punkt
konzentrieren,
auf jenes *Zeichen*,
das der Engel ihnen angegeben hat:
„Ihr werdet ein Kind finden,
das, in Windeln gewickelt,
in einer Krippe liegt" (Lk 2,12).
Das ist *das immerwährende Zeichen*,
um Jesus zu finden.
Nicht nur damals, sondern auch heute.

Wenn wir das wahre Weihnachten
feiern wollen,
lasst uns dieses Zeichen betrachten:
die zerbrechliche Einfachheit
eines kleinen Neugeborenen;
die Sanftheit,
mit der er daliegt;
die zarte Liebe,
welche die Windeln ausdrücken,
die ihn umhüllen.

Dort ist Gott.

Mit diesem Zeichen
offenbart uns das Evangelium
ein Paradox:
Es spricht vom Kaiser,
vom Statthalter,
von den Großen jener Zeit,
aber dort taucht Gott nicht auf;
er erscheint nicht im Nobelsaal
eines königlichen Palastes,
sondern in der Armut eines Stalls;
nicht im Prunk
der äußeren Erscheinung,
sondern in der Einfachheit des Lebens;
nicht in der Macht,
sondern in einer Kleinheit,
die überrascht.

[FOLGENREICH]

Wenn wir uns bewusst werden,
dass Gott in unser Kleinsein verliebt ist,
dass er selbst sich klein macht,
um uns besser zu begegnen,
können wir nicht anders,
als ihm unser Herz zu öffnen
und ihn zu bitten:

„Herr, hilf mir, wie du zu sein;
gib mir die Gnade der Zärtlichkeit
in den schwierigsten
Lebensumständen;
gib mir die Gnade,
in jeder Not nahe zu sein,
die Gnade der Sanftheit,
in welchen Konflikten auch immer."

Um ihm zu begegnen, muss man dorthin gehen, wo er ist: Man muss sich niederbeugen, sich erniedrigen, klein werden. Der Knabe, der uns geboren wird, fragt uns an: Er ruft uns, die Trugbilder des Vergänglichen loszulassen, um zum Wesentlichen zu gehen, auf unsere unersättlichen Ansprüche zu verzichten, die ständige Unzufriedenheit und die Traurigkeit um irgendetwas, das uns immer fehlen wird, hinter uns zu lassen. Es wird uns gut tun, diese Dinge loszulassen, um in der Einfachheit des Gotteskindes den Frieden, die Freude und den großartigen Sinn des Lebens wiederzufinden.

Indem wir auf das Kind in der Krippe schauen – das Kind des Friedens –, denken wir an die Kinder, die die schwächsten Opfer der Kriege sind, doch wir denken auch an die alten Menschen, an die misshandelten Frauen, an die Kranken ... Die Kriege zerschlagen und verletzen so viele Leben!

Die Macht Christi, die Befreiung und Dienst ist, mache sich in vielen Herzen bemerkbar, die unter Kriegen, Verfolgungen und Sklaverei leiden. Mit ihrer Sanftmut nehme diese göttliche Macht die Herzenshärte vieler Männer und Frauen weg, die in einem mondänen Leben oder in der Gleichgültigkeit, in der Globalisierung der Gleichgültigkeit versunken sind. Seine rettende Kraft mache die Waffen zu Pflugscharen und verwandle die Zerstörung in Kreativität und den Hass in Liebe und Zärtlichkeit.

Die echte Weisheit
verbirgt sich
im Antlitz dieses Kindes.
Hier, in der Einfachheit von Betlehem,
findet das Leben der Kirche
seine Zusammenfassung.
Hier ist die Quelle jenes Lichtes,
das jeden Menschen auf der Welt
an sich zieht
und den Weg der Völker
auf den Pfad des Friedens lenkt.

Allein die Barmherzigkeit Gottes kann die Menschheit von den vielen, manchmal ungeheuerlichen Formen des Bösen befreien, die der Egoismus in ihr hervorbringt. Die Gnade Gottes kann die Herzen bekehren und Auswege aus Situationen auftun, die nach menschlichem Ermessen unlösbar sind.

Wo Gott geboren wird,
da wird die Hoffnung geboren:
Er bringt die Hoffnung.
Wo Gott geboren wird,
da wird der Friede geboren.
*Und wo der Friede geboren wird,
da ist kein Platz mehr
für Hass und für Krieg.*

Friede auf Erden
allen Menschen guten Willens,
die unauffällig und geduldig
ihrer täglichen Beschäftigung
nachgehen,
in der Familie und in der Gesellschaft,
um eine humanere
und gerechtere Welt zu schaffen.
Dabei trägt sie die Überzeugung,
dass es nur im Frieden
die Möglichkeit
einer glücklicheren Zukunft
für alle
gibt.

Der Friede braucht
unsere Begeisterung,
unsere Sorge,
um die kalten Herzen zu erwärmen,
um die verzagten Seelen zu ermutigen
und um die erloschenen Augen
mit dem Licht des Antlitzes Jesu
zu erleuchten.

Lassen wir uns anfragen vom Kind in der Krippe, aber lassen wir uns auch anfragen von den Kindern, die heute nicht in einer Wiege liegen und von der Liebe einer Mutter und eines Vaters umhegt sind, sondern in den elenden „Futterkrippen der Würde": im unterirdischen Bunker, um den Bombardierungen zu entkommen; auf dem Bürgersteig einer großen Stadt, auf dem Boden eines mit Migranten überladenen Schleppkahns. Lassen wir uns anfragen von den Kindern, die man nicht zur Welt kommen lässt; von denen, die weinen, weil niemand ihren Hunger stillt; von denen, die nicht Spielzeug, sondern Waffen in den Händen halten.

Das kleine frierende Kind, das wir heute in der Krippe betrachten, möge alle Kinder auf dieser Welt und jeden schwachen, wehrlosen und ausgeschlossenen Menschen beschützen. Ebenso mögen wir alle Frieden und Trost von der Geburt des Erlösers empfangen, und da wir von dem einen himmlischen Vater geliebt sind, uns auch als Brüder und Schwestern erfahren und entsprechend leben!

Jesus will in unseren Armen liegen,
er möchte versorgt werden
und seinen Blick
auf unseren heften können.
Auch müssen wir das Jesuskind
zum Lächeln bringen,
um ihm unsere Liebe
und unsere Freude darüber zu zeigen,
dass es mitten unter uns ist.
Sein Lächeln
ist ein Zeichen der Liebe,
das uns die Gewissheit schenkt,
geliebt zu sein.

[HOFFNUNG TROTZ ALLEM]

Das Geheimnis, das Licht und Freude ist, fragt an und rüttelt auf, weil es zugleich ein *Geheimnis der Hoffnung und der Traurigkeit* ist. Es hat einen Beigeschmack der Traurigkeit, weil die Liebe nicht aufgenommen und das Leben ausgesondert wird. So geschah es Josef und Maria, die auf verschlossene Türen stießen und Jesus in eine Krippe legten, „weil in der Herberge kein Platz für sie war" (Lk 2,7). Jesus wird geboren – abgelehnt von einigen und unter der Gleichgültigkeit der meisten.

Auch heute kann es dieselbe Gleichgültigkeit geben, wenn Weihnachten zu einem Fest wird, bei dem die Hauptfiguren wir sind und nicht Er; wenn die Lichter des Gewerbes das Licht Gottes in den Schatten stellen; wenn wir uns abmühen für die Geschenke und den Ausgegrenzten gegenüber gefühllos bleiben. Diese Weltlichkeit hat das Weihnachtsfest als Geisel genommen; man muss es befreien!

Wie damals, hört man auch heute wieder die Stimme des Engels, die ruft: „Steh auf, nimm das Kind und seine Mutter, und flieh nach Ägypten; dort bleibe, bis ich dir etwas anderes auftrage" (Mt 2,13). Es ist die Stimme, welche die vielen Migranten hören, die niemals ihr Land verlassen würden, wenn sie nicht dazu gezwungen wären ... Einen großen Teil der Ursachen für die Migrationen hätte man schon vor Zeiten in Angriff nehmen können. So hätte man vielen Unglücken zuvorkommen oder zumindest ihre grausamsten Folgen abmildern können. Auch heute – und bevor es zu spät ist – könnte man vieles tun, um den Tragödien Einhalt zu gebieten ...

Wenn wir den Schrei unserer vielen Brüder und Schwestern in allen Teilen der Welt ignorieren, dann verweigern wir ihnen nicht nur die Rechte und Werte, die sie von Gott empfangen haben, sondern wir lehnen auch ihre Weisheit ab und hindern sie daran, der Welt ihre Talente, ihre Traditionen und ihre Kulturen zu schenken. Dieses Verhalten vergrößert das Leid der Armen und Ausgegrenzten, und wir selbst werden nicht nur materiell, sondern auch moralisch und geistlich ärmer.

Weihnachten hat vor allem
den Geschmack der Hoffnung,
weil trotz unserer Finsternis
das Licht Gottes leuchtet.
Sein freundliches Licht
macht keine Angst;
Gott, der in uns verliebt ist,
zieht uns an mit seiner Zärtlichkeit,
indem er arm und zerbrechlich
in unserer Mitte zur Welt kommt,
als einer von uns.

Er wird geboren in Betlehem, was bedeutet „Haus des Brotes". Er scheint uns auf diese Weise sagen zu wollen, dass er als Brot für uns geboren wird; er kommt zum Leben, um uns sein Leben zu geben; er kommt in unsere Welt, um uns seine Liebe zu bringen. Er kommt nicht, um zu verschlingen und zu befehlen, sondern um zu ernähren und zu dienen. So gibt es eine unmittelbare Verbindung von der Futterkrippe zum Kreuz, wo Jesus gebrochenes Brot sein wird: Es ist die unmittelbare Verbindung der Liebe, die sich hingibt und uns rettet, die unserem Leben Licht und unseren Herzen Frieden schenkt.

Stehen wir mit Maria und Josef
vor der Krippe,
vor Jesus, der geboren wird
als Brot für mein Leben.
Und indem wir seine demütige
und grenzenlose Liebe betrachten,
sagen wir ihm einfach Dank:

Danke,
weil du all das
für mich
getan hast.

[LIEBE KINDER ...]

Liebe Kinder und Jugendliche,
an Weihnachten will Jesus
wieder neu in euch,
in eurem Herzen geboren werden,
um euch die echte Freude
zu schenken,
die euch keiner nehmen kann.
Und ihr gebt diese Freude weiter
an die anderen Kinder,
die ihr am meisten in Not seht,
die leiden
und schlecht behandelt werden.

Häufig gibt es vergessene Menschen: Niemand blickt sie an, niemand will sie sehen. Es sind die Ärmsten, Schwächsten, die an den Rand der Gesellschaft verbannt werden, weil man sie als Problem betrachtet. Doch sie sind vielmehr das Bild des abgelehnten Jesuskindes, das in der Stadt Betlehem keine Aufnahme gefunden hat … Es könnte eine Aufgabe für euch sein, dass ihr euch vor allem fragt: Aber wie ist es bei mir? Wem gilt meine größte Aufmerksamkeit? Nur den Stärksten, die in der Schule, beim Spiel am meisten Erfolg haben? Für wen war ich wenig aufmerksam? Bei wem habe ich so getan, als würde ich ihn nicht sehen?

Dieses Wegsehen ...
Versucht einmal,
das Objektiv auf die Kameraden
und auf die Menschen zu richten,
die niemand sieht,
und wagt es, den ersten Schritt zu tun,
um ihnen zu begegnen,
ihnen etwas von eurer Zeit
zu schenken,
ein Lächeln,
ein Zeichen der Zärtlichkeit.
Liebe Kinder,
seid Freunde und Zeugen Jesu,
der in Betlehem zu uns gekommen ist!

[IN EINER KINDERKLINIK, KURZ VOR WEIHNACHTEN]

Valentina, deine Frage in Bezug auf die Kinder, die leiden, ist eine sehr große und schwierige Frage. Ich habe keine Antwort und ich denke, es ist gut, dass diese Frage offen bleibt. Nicht einmal Jesus hat mit Worten eine Antwort gegeben ... Doch er hat den Weg gezeigt, um auch dieser menschlichen Erfahrung einen Sinn zu geben: Er hat nicht erklärt, warum man leidet, aber indem er mit Liebe das Leid ertrug, hat er uns gezeigt, für wen man leidet. Nicht warum, sondern für wen. Er hat sein Leben für uns hingegeben und mit diesem Geschenk, das ihn sehr viel gekostet hat, hat er uns errettet. Und wer Jesus nachfolgt, tut dasselbe: mehr als Gründe für das „warum" zu suchen, lebt er jeden Tag das „für".

Du, Dino, hast gerade von der Schönheit der kleinen Dinge gesprochen. Vor allem bei der heutigen Mentalität des Sich-Hervortuns, die sofortige Ergebnisse, Erfolg und Sichtbarkeit fordert, mag das wie eine Verlierer-Logik erscheinen. Denkt dagegen an Jesus: Den größten Teil seines Lebens auf dieser Erde hat er in Verborgenheit verbracht. Er ist ohne Eile in einer Familie aufgewachsen, hat jeden Tag gelernt, gearbeitet und Freud und Leid der Seinigen geteilt. Das Weihnachtsfest sagt uns, dass Gott nicht stark und mächtig geworden ist, sondern zerbrechlich und schwach wie ein Kind.

Jeden Morgen kann man sagen: Jetzt muss ich dorthin gehen, jene Arbeit tun, Menschen treffen, Probleme lösen. Aber ich möchte diesen Tag so leben, wie der Herr es will: nicht als Last – die dann vor allem auf den anderen lastet, die mich ertragen müssen –, sondern als Geschenk. Ich bin an der Reihe, um ein wenig Gutes zu tun, um Jesus zu bringen, um Zeugnis zu geben nicht mit Worten, sondern mit Werken ... Es schenkt weit mehr Freude, mit einem offenen Herzen zu leben als mit einem verschlossenen! Seid ihr einverstanden? Ich wünsche euch also ein solches Weihnachtsfest ...

[EINE NEUE LOGIK FÜR KIRCHE UND WELT]

Bei der Betrachtung des Jesuskindes rief der heilige Antonius aus: „Groß als Gott, klein als Diener". Auch der heilige Makarios, ein Mönch des 4. Jahrhunderts und Schüler des heiligen Wüstenvaters Antonius, griff für die Beschreibung des Geheimnisses der Inkarnation auf das griechische Verb *smikruno*, d. h. „sich klein machen", zurück ...: „Hört gut zu: Der unendliche, unzugängliche und unerschaffene Gott hat aufgrund seiner grenzenlosen und erhabenen Güte einen Leib angenommen und sich von seiner Herrlichkeit aus – ich möchte sagen – unendlich verkleinert."

Tatsächlich hat Gott gewählt,
klein geboren zu werden,
weil er geliebt werden wollte.
Auf diese Weise
ist die Logik von Weihnachten
die Umkehrung der weltlichen Logik,
der Logik der Macht
und des Kommandos,
der pharisäischen,
der kausalistischen oder
der deterministischen Logik.

Weihnachten ist das Fest
der liebenden Demut Gottes,
des Gottes, der die Ordnung
des logisch Selbstverständlichen,
die Ordnung des Folgerichtigen,
des Dialektischen
und des Mathematischen
auf den Kopf stellt.
In dieser Umkehrung
liegt der ganze Reichtum
der göttlichen Logik,
die die Begrenztheit
unserer menschlichen Logik
durcheinanderwirft (vgl. Jes 55,8f).

Das ist das wahre Weihnachten:
das Fest der Armut Gottes,
der sich entäußert hat und
wie ein Sklave wurde (vgl. Phil 2,6),
das Fest Gottes,
der am Tisch bedient (vgl. Lk 12,37),
das Fest Gottes, der sich
vor den Weisen und Klugen verbirgt
und sich den Kleinen, Einfachen und
Armen offenbart (vgl. Mt 11,25),
das Fest „des Menschensohns,
der nicht gekommen ist,
um sich dienen zu lassen,
sondern um zu dienen
und sein Leben hinzugeben
als Lösegeld für viele" (Mk 10,45).

Gott liebt nicht
die gewaltigen Revolutionen
der Mächtigen der Geschichte
und benutzt nicht den Zauberstab,
um die Situationen zu verändern.
Stattdessen macht er sich klein,
wird ein Kind,
um uns mit Liebe anzulocken,
um unsere Herzen
mit seiner demütigen Güte anzurühren;
um mit seiner Armut
diejenigen zu erschüttern,
die sich abmühen,
um die trügerischen Schätze
dieser Welt anzuhäufen.

Weihnachten erinnert uns daran,
dass ein Glaube,
der uns nicht in eine Krise führt,
ein Glaube in Krise ist;
ein Glaube, der uns nicht wachsen lässt,
ist ein Glaube,
der wachsen muss;
ein Glaube, der nicht Fragen aufwirft,
ist ein Glaube,
über den wir uns
Fragen stellen müssen;
ein Glaube, der uns nicht belebt,
ist ein Glaube,
der belebt werden muss;
ein Glaube, der uns nicht erschüttert,
ist ein Glaube,
der erschüttert werden muss.

Ein rein intellektueller oder lauer Glaube ist in der Tat bloß ein vorgegebener Glaube, der sich eventuell dann verwirklicht, wenn er es schafft, das Herz, die Seele, den Geist und unser ganzes Sein miteinzubeziehen, wenn man es Gott erlaubt, in der Krippe des Herzens geboren und neu geboren zu werden, wenn wir dem Stern von Betlehem erlauben, uns zu dem Ort zu führen, wo der Sohn Gottes liegt, nämlich nicht bei den Königen und im Luxus, sondern bei den Armen und Demütigen.

Weihnachten ist ein Fest der Freude par excellence, aber oft merken wir, dass die Menschen und vielleicht auch wir selbst von so vielen Dingen in Beschlag genommen sind, dass die Freude letztendlich nicht da ist, oder wenn sie da ist, ist sie sehr oberflächlich. Warum? Mir ist dieses Wort des französischen Schriftstellers Léon Bloy in den Sinn gekommen: „Es gibt nur nur eine Traurigkeit im Leben: kein Heiliger zu sein." Das Gegenteil der Traurigkeit, das heißt die Freude, ist daher verbunden mit dem Heiligsein. Das gilt auch für die Weihnachtsfreude. Gut sein, wenigstens den Wunsch haben, gut zu sein.

Das ist ein Merkmal der Heiligkeit: die Fähigkeit des Staunens bewahren, staunen über die Gaben Gottes, seine „Überraschungen", und das größte Geschenk, die immer neue Überraschung ist Jesus ...

Das also ist mein Wunsch: heilig sein, um glücklich zu sein. Aber nicht Heilige wie auf einem Heiligenbildchen, nein, nein. Normale Heilige ... aus Fleisch und Blut, mit unserem Charakter, unseren Fehlern, auch unseren Sünden – bitten wir um Vergebung und gehen wir voran –, aber bereit, uns von der Gegenwart Jesu unter uns „anstecken" zu lassen, bereit, zu ihm zu laufen wie die Hirten ...

Jesus wurde in einer gesellschaftspolitischen und religiösen Situation voller Spannung, Aufruhr und Dunkelheit geboren. Seine Geburt, die einerseits erwartet wurde, andererseits auf Ablehnung stieß, steht unter dem Vorzeichen der göttlichen Logik, die nicht vor dem Bösen zurückweicht, sondern es zutiefst und stufenweise zum Guten wandelt, und ebenso unter dem Vorzeichen jener bösartigen Logik, die sogar Gutes in Böses verwandelt, um die Menschheit dazu zu bringen, in Verzweiflung und Finsternis zu verharren: „Das Licht leuchtet in der Finsternis und die Finsternis hat es nicht erfasst" (Joh 1,5).

Das Weihnachtsfest
erfüllt uns mit Freude
und gibt uns die Gewissheit,
dass keine Sünde jemals größer sein wird
als die Barmherzigkeit Gottes
und dass kein menschliches Tun
je verhindern kann,
dass die Morgenröte
des göttlichen Lichts
in den Herzen der Menschen anbricht
und immer neu aufscheint ...

Eine Kirche ohne Hoffnung
wäre schlimm!

[STAUNEN ÜBER GOTTES HANDELN AN MARIA]

Zum 1. Januar, Hochfest der Gottesmutter Maria

Das heutige Geheimnis erweckt ein grenzenloses Staunen: Gott hat sich an die Menschheit gebunden, für immer ... Gott ist kein Herr, der fern ist und einsam im Himmel wohnt, sondern er ist Fleisch gewordene Liebe. Er wurde wie wir von einer Mutter geboren, um unser aller Bruder zu sein, um nahe zu sein: der Gott der Nähe. Er steht auf den Knien seiner Mutter, die auch unsere Mutter ist, und von dort gießt er eine neue Zärtlichkeit über die Menschheit aus. Und wir verstehen die göttliche Liebe besser, die väterlich und mütterlich ist, wie jene einer Mutter, die nicht aufhört, an ihre Kinder zu glauben, und sie nie im Stich lässt.

Die Mutter Gottes hilft uns: Die Mutter, die den Herrn geboren hat, gebiert uns für den Herrn. Sie ist Mutter und bringt die Kinder zum gläubigen Staunen, weil der Glaube eine Begegnung und nicht eine Religion ist. Das Leben ohne Staunen wird grau und eintönig, ebenso der Glaube. Und auch die Kirche muss immer neu das Staunen über die Tatsache lernen, Wohnung des lebendigen Gottes, Braut des Herrn, Kinder gebärende Mutter zu sein. Sonst gleicht sie allzu leicht einem schönen Museum der Vergangenheit ...

Maria dagegen bringt ... die Atmosphäre von einem Haus, das der Gott des Neuen bewohnt.

[VON DEN STERNDEUTERN LERNEN]

Zum 6. Januar, Fest der „Erscheinung des Herrn"

Heute sind wir eingeladen, die Weisen nachzuahmen. Sie diskutieren nicht, nein, sie gehen; sie bleiben nicht stehen, um zu schauen, sondern treten in das Haus Jesu ein; sie stellen sich nicht in den Mittelpunkt, sondern werfen sich vor ihm nieder, der die Mitte ist; sie versteifen sich nicht auf ihre Pläne, sondern stellen sich darauf ein, andere Wege zu gehen. In ihrem Tun zeigt sich eine enge Verbindung zum Herrn, eine radikale Öffnung auf ihn hin, eine tiefe Beteiligung in ihm. Mit ihm gebrauchen sie die Sprache der Liebe, dieselbe Sprache, die Jesus schon als Kind spricht.

Die Weisen gehen nicht zum Herrn,
um zu empfangen,
sondern um zu geben.

Fragen wir uns:
Haben wir zu Weihnachten
Jesus zu seinem Fest
ein Geschenk gebracht
oder haben wir nur untereinander
Geschenke ausgetauscht?

Wenn wir mit leeren Händen zum Herrn gekommen sind, können wir es heute wiedergutmachen. Das Evangelium zählt nämlich sozusagen eine kleine Geschenkliste auf: Gold, Weihrauch und Myrrhe.

Das *Gold*, das als das kostbarste Element gilt, erinnert daran, dass Gott der erste Platz gegeben werden muss. Er muss angebetet werden. Um aber dies zu tun, muss man selber auf den ersten Platz verzichten, sich für bedürftig halten und nicht meinen, sich selbst zu genügen.

Der *Weihrauch* symbolisiert die Beziehung zum Herrn, das Gebet, das wie ein Räucheropfer zu Gott aufsteigt. Wie aber der Weihrauch verbrannt werden muss, damit er duftet, so muss man für das Gebet ein wenig Zeit „verbrennen" ... Und man muss es wirklich tun ...

Die *Myrrhe* ist eine Salbe, die verwendet werden wird, um nach der Kreuzabnahme den Leichnam des Herrn liebevoll einzuwickeln. Der Herr möchte, dass wir uns um die vom Leiden mitgenommenen Körper kümmern, um die schwächsten Glieder seines Leibes, um den, der auf der Strecke geblieben ist ... Wertvoll ist in den Augen Gottes die Barmherzigkeit gegenüber dem, der nichts zurückgeben kann ...

Die Sterndeuter sind wie
weise Weggefährten an unserer Seite.
Ihr Beispiel helfe uns,
den Blick zum Stern zu erheben
und den großen Sehnsüchten
unseres Herzens zu folgen.
Sie lehren uns, uns nicht
mit einem mittelmäßigen Leben,
mit dem Kleinen zufriedenzugeben,
sondern uns immer
faszinieren zu lassen
vom Guten, Wahren und Schönen,
von Gott,
der all das
in immer größerer Weise ist!

Der „sehnsuchtsvolle" Gläubige, der durch seinen Glauben angetrieben wird, macht sich bei der Suche nach Gott wie die Sterndeuter auf zu den entlegensten Orten der Geschichte, denn er weiß in seinem Herzen, dass ihn dort sein Herr erwartet.

Er geht an die Ränder, an die Grenzen, an die Orte, wo das Evangelium noch nicht hingekommen ist, um dem Herrn begegnen zu können.

Und er tut dies keineswegs in überlegener Haltung; er tut es wie ein Bettler, der die Augen dessen nicht ignorieren kann, für den die Frohe Botschaft Jesu noch ein unerforschtes Terrain ist.

Weihnachten
schenkt uns jedes Jahr
die Gewissheit,
dass das Licht Gottes
weiter leuchten wird ...

Quellennachweis

Die Zahlen in Klammern beziehen sich auf folgende Quellen: A = Ansprache, Au = Audienz; CM = Christmette, G = Grußwort; GA = Generalaudienz; P = Predigt; U = Urbi et orbi (25.12.), W = Weihnachtsempfang für die Römische Kurie.

1f (GA 18.12.2013), 3 (GA 19.12.2018), 4 (GA 5.12.2018, Gruß an die Pilger deutscher Sprache), 5 (GA 12.12.2018), 6 (GA 27.12.2017), 7 (GA 19.12.2018), 8 (GA 27.12.2017), 9f (G, 7.12.2017), 11 (GA 19.12.2018), 12f (GA 27.12.2017), 14 (P, CM 2015), 15 (GA 19.12.2018), 16f (P, CM 2018), 18 (P 6.1.2019), 19 (GA 27.12.2017), 20f (P, CM 2016), 22 (P, CM 2018), 23 (P, CM 2016), 24 (P, CM 2018), 25 (GA 28.11.2018), 26 (P, CM 2013), 27 (Au 18.12.2015), 28f (GA 27.12.2017), 30 (GA 27.12.2017, Gruß an die Pilger deutscher Sprache), 31 (GA 27.12.2017), 32 (GA 17.12.2014), 33-35 (GA 27.12.2017), 36 (U 25.12.2018), 37 (GA 14.12.2016), 38f (P, CM 2018), 40-50 (GA 19.12.2018), 51 (P, CM 2016), 52 (P, CM 2013), 53-56 (P, CM 2016), 57 (P, CM 2014), 58 (P, CM 2016), 59 (U 2013), 60 (U 2014), 61 (P 6.1.2016), 62 (U 2015), 63 (U 2016), 64 (Begegnung mit Vatikanangestellten, 22.12.2014), 65 (P, CM 2016), 66 (U 2018), 67 (GA 30.12.2015), 68f (P, CM 2016), 69 (GA 7.9.2016), 70 (Neujahrsempfang Dipl. Korps, 11.1.2016), 71 (A, Fortune-Time Global Forum, 3.12.2016), 72-74 (P, CM 2016), 75 (G, Kinder der „Azione Cattolica", 20.12.2017), 76f (A, Kinder- und Jugendsektion der „Azione Cattolica", 16.12.2017), 78-80 (A, Kinderkrankenhaus Bambino Gesù, 15.12.2016), 81-83 (W 22.12.2016), 84 (Begegnung mit Vatikanangestellten, 22.12.2014), 85 (Au 18.12.2015), 86f (W 21.12.2017), 88f (A, vor Vatikanangestellten und ihren Familien, 21.12.2018), 90f (W 21.12.2018), 92f (P 1.1.2019), 94-97 (P 6.1.2019), 98 (P 6.1.2014), 99 (P 6.1.2017), 100 (W 21.12.2018).

Papst Franziskus im Verlag Neue Stadt

Zukunftsweisend:
FÜR EINE NEUE GLOBALE GESCHWISTERLICHKEIT

Schonungslos klare Analysen, gepaart mit dem Mut zur Vision einer humaneren Welt.
Hg. von Matthias Kopp.
120 Seiten, gebunden
ISBN 978-3-7346-1259-6

DER SCHREI DER ERDE
Kernaussagen aus der Umwelt- und Sozialenzyklika „Laudato si'":
Warum wir umdenken müssen …
Hg. von Matthias Kopp.
112 Seiten, gebunden
ISBN 978-3-7346-1070-7

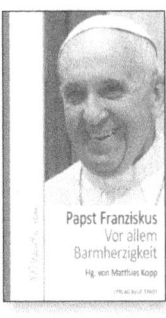

VOR ALLEM BARMHERZIGKEIT
Ein Vermächtnis für die Kirche – und zentral für unser Leben und Zusammenleben. Hg. von Matthias Kopp.
120 Seiten, gebunden
ISBN 978-3-7346-1137-7

Mehr unter: www.neuestadt.com

Papst Franziskus im Verlag Neue Stadt

BUONA SERA!
Hundert markante Worte aus den ersten hundert Tagen seines Pontifikats.
Hg. von Matthias Kopp.

112 Seiten, gebunden
ISBN 978-3-87996-999-9

WAS MIR AM HERZEN LIEGT
Wegweisendes aus dem großen Schreiben von Papst Franziskus „Evangelii gaudium – Die Freude des Evangeliums".
Hg. von Matthias Kopp.

112 Seiten, gebunden
ISBN 978-3-7346-1066-0

GROSSARTIG IST DIE LIEBE
Über Ehe, Familie, Sexualität, Partnerschaft: die Kernbotschaften aus „Amoris laetitia".
Hg. von Matthias Kopp.

112 Seiten, gebunden
ISBN 978-3-7346-1100-1

Mehr unter: www.neuestadt.com